CADERNO DE ATIVIDADES
2

Organizadora: Editora Moderna
Obra coletiva concebida, desenvolvida e produzida pela Editora Moderna.

Editora Executiva:
Maíra Rosa Carnevalle

NOME: ....

....TURMA: ....

ESCOLA: ....

....

1ª edição

© Editora Moderna, 2019

Elaboração de originais:

Laís Alves Silva
Bacharel em Ciências Biológicas pela Universidade São Judas Tadeu. Licenciada no Programa Especial de Formação Pedagógica de Docentes para as Disciplinas do Currículo do Ensino Fundamental (quatro últimas séries), do Ensino Médio e da Educação Profissional em Nível Médio pela Universidade Católica de Brasília. Editora.

Coordenação editorial: Maíra Rosa Carnevalle
Edição de texto: Ofício do Texto Projetos Editoriais
Assistência editorial: Ofício do Texto Projetos Editoriais
Gerência de *design* e produção gráfica: Everson de Paula
Coordenação de produção: Patricia Costa
Suporte administrativo editorial: Maria de Lourdes Rodrigues
Coordenação de *design* e projetos visuais: Marta Cerqueira Leite
Projeto gráfico: Adriano Moreno Barbosa, Daniel Messias, Mariza de Souza Porto
Capa: Bruno Tonel
   Ilustração: Raul Aguiar
Coordenação de arte: Wilson Gazzoni Agostinho
Edição de arte: Teclas Editorial
Editoração eletrônica: Teclas Editorial
Coordenação de revisão: Elaine Cristina del Nero
Revisão: Ofício do Texto Projetos Editoriais
Coordenação de pesquisa iconográfica: Luciano Baneza Gabarron
Pesquisa iconográfica: Ofício do Texto Projetos Editoriais
Coordenação de *bureau*: Rubens M. Rodrigues
Tratamento de imagens: Fernando Bertolo, Joel Aparecido, Luiz Carlos Costa, Marina M. Buzzinaro
Pré-impressão: Alexandre Petreca, Everton L. de Oliveira, Marcio H. Kamoto, Vitória Sousa
Coordenação de produção industrial: Wendell Monteiro
Impressão e acabamento: Serzegraf
Lote: 285662

Dados Internacionais de Catalogação na Publicação (CIP)
(Câmara Brasileira do Livro, SP, Brasil)

Buriti plus : ciências : caderno de atividades / organizadora Editora Moderna ; obra coletiva concebida, desenvolvida e produzida pela Editora Moderna ; editora executiva Maíra Rosa Carnevalle. – 1. ed. – São Paulo : Moderna, 2019.

Obra em 4 v. para alunos do 2º ao 5º ano.
Ensino fundamental, anos iniciais.
Componente curricular: Ciências
Bibliografia.

1. Ciências (Ensino fundamental) I. Carnevalle, Maíra Rosa.

19-24573   CDD-372.35

Índices para catálogo sistemático:
1. Ciências : Ensino fundamental 372.35

Maria Paula C. Riyuzo — Bibliotecária — CRB-8/7639

ISBN 978-85-16-11909-6 (LA)
ISBN 978-85-16-11910-2 (LP)

Reprodução proibida. Art. 184 do Código Penal e Lei 9.610 de 19 de fevereiro de 1998.
Todos os direitos reservados
EDITORA MODERNA LTDA.
Rua Padre Adelino, 758 – Belenzinho
São Paulo – SP – Brasil – CEP 03303-904
Vendas e Atendimento: Tel. (0_ _11) 2602-5510
Fax (0_ _11) 2790-1501
www.moderna.com.br
2019
Impresso no Brasil

1 3 5 7 9 10 8 6 4 2

Apresentação

Caro(a) aluno(a)

Fizemos este Caderno de Atividades para que você tenha a oportunidade de reforçar ainda mais seus conhecimentos em Ciências.

No início de cada unidade, na seção **Lembretes**, há um resumo do conteúdo explorado nas atividades, que aparecem em seguida.

As atividades são variadas e distribuídas em quatro unidades, planejadas para auxiliá-lo a aprofundar o aprendizado.

Bom trabalho!

Os editores

Sumário

Unidade 1 • Os seres vivos 5
Lembretes 5
Atividades 6

Unidade 2 • Componentes naturais do ambiente 20
Lembretes 20
Atividades 21

Unidade 3 • Relações entre os seres vivos e o ambiente 33
Lembretes 33
Atividades 34

Unidade 4 • Os materiais 45
Lembretes 45
Atividades 46

Plantas que crescem em locais rochosos no Município de Uiramutã, no estado de Roraima, em 2015.

UNIDADE 1 — Os seres vivos

Lembretes

Eu sou um ser vivo

- Na natureza, existem seres vivos e componentes não vivos.
- Os seres vivos nascem, crescem, desenvolvem-se e morrem.
- Todos os seres vivos precisam de alimento e água.

Ciclo de vida

- As etapas do ciclo de vida dos seres vivos são: nascimento, crescimento, reprodução e morte.
- Alguns animais se desenvolvem dentro de ovos. Outros se desenvolvem dentro do corpo da fêmea.
- A maioria das plantas nasce de uma semente.
- Depois que a semente germina, surge a raiz e, em seguida, o caule e as folhas começam a se desenvolver. Algumas plantas também apresentam flores e frutos. No interior dos frutos, estão as sementes.

Os seres humanos são seres vivos

- As fases da vida de um ser humano são: infância, adolescência, fase adulta e velhice.
- O corpo humano é dividido em: cabeça, tronco, membros superiores e membros inferiores.
- Os seres humanos são diferentes entre si e podem formar diferentes grupos sociais.
- A música e a dança são exemplos de expressões da cultura de cada grupo social.

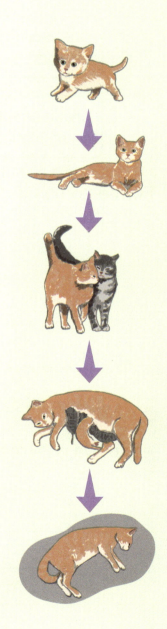

ILUSTRAÇÕES: FERNANDO UEHARA

Atividades

1 Assinale o quadro que apresenta características gerais dos seres vivos.

☐ precisam de alimento / precisam de água / não precisam de ar / crescem/ se reproduzem

☐ precisam de alimento / precisam de água / precisam respirar / crescem / se reproduzem / morrem

☐ precisam de alimento / precisam de água / crescem / não se reproduzem / morrem

☐ precisam de alimento / se desenvolvem dentro do corpo da fêmea / se reproduzem / morrem

2 Forme nomes de seres vivos a partir das sílabas do quadro.

SA	TU	TE	PO	MA	MI	CO
CA	PO	RE	RÃO	FOR	CA	JÁ
PEI	VO	BA	SI	PEI	PA	GA
ÁR	RU	ME	BOR	BO	CA	TA
CO	XE	LA	JA	MOS	LE	NE

- Escreva nas linhas abaixo os nomes dos seres vivos que conseguiu formar.

_____

_____

_____

_____

3 Observe a imagem a seguir.

Os elementos da imagem não estão na mesma proporção. Cores-fantasia.

- Marque um X nas características representadas na imagem que são comuns a **todos** os seres vivos.

☐ O ninho com aves nascendo representa a reprodução.

☐ O menino comendo a maçã representa a necessidade do alimento.

☐ O cavalo bebendo água no lago representa a necessidade de água.

☐ As aves voando representam a capacidade de se deslocar.

4 Decifre os enigmas a seguir e forme nomes de seres vivos.

a) + _____

b) + –da +  _____

c)  – eia +  _____

5 Observe as imagens a seguir.

- As imagens representam a floresta Amazônica e alguns seres vivos encontrados nela. Além das plantas, outros três seres vivos da primeira imagem aparecem novamente na segunda. Quais são?

_____

_____

_____

6 Leia o texto.

Laura quer comprar um presente para sua avó. A menina está em dúvida se compra flores naturais ou artificiais.

Laura quer escolher uma planta especial, porque, dessa maneira, poderá cuidar dela junto com a avó.

- Considerando os cuidados que cada tipo de flor precisa receber, qual delas Laura deve escolher? Explique.

_____
_____
_____
_____

7 Observe o ciclo de vida de uma vaca.

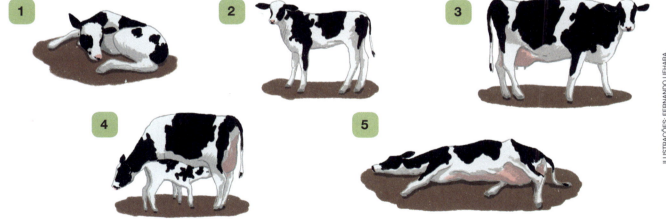

- Relacione a imagem a cada etapa da vida de um animal.

☐ Reprodução.   ☐ Morte.   ☐ Adulto.

☐ Filhote.   ☐ Jovem.

8 Leia o texto e observe a imagem.

> Os animais do zoológico da cidade fugiram de seus recintos. Três animais ainda não foram encontrados. Leia na tabela a seguir as características de cada animal e ajude os funcionários do zoológico a encontrá-los.

a) Escreva nos quadros o nome do animal. Depois, localize e circule esse animal na imagem.

Animal: _____

- Nasce de ovos.
- A fêmea põe até 50 ovos.
- Vive próximo de rios, lagoas e em regiões que alagam.
- Alimenta-se de peixes, ratos, lagartos, aves etc.
- Um adulto chega a medir 2 metros de comprimento.
- Pode ultrapassar os 70 anos.

Animal: _____

- Nasce do corpo da fêmea, geralmente, um filhote de cada vez.
- Vive em campos abertos.
- Alimenta-se principalmente de folhas de plantas.
- Um animal adulto chega a medir 6 metros de comprimento.
- Vive aproximadamente 25 anos.

Animal: _____

- Nasce de ovos.
- A fêmea põe de um a três ovos.
- Vive em matas e regiões de palmeiras próximas a rios.
- Alimenta-se de frutas, sementes e insetos.
- Um adulto chega a medir 80 centímetros de comprimento.
- Vive aproximadamente 60 anos.

b) Escolha um dos animais da atividade anterior e desenhe no caderno o seu ciclo de vida com base nas informações do quadro.

9 Observe as imagens.

Em que etapa da vida está? Como é o animal?

Em que etapa da vida está? Onde está? O que está acontecendo?

Em que etapa da vida está? O que aconteceu?

Em que etapa da vida está? O animal está muito diferente de como era?

- Escreva um texto contando as mudanças que ocorreram ao longo da vida do animal, usando as questões de cada quadro.

_____
_____
_____
_____

10 A gata e a galinha passam pelas mesmas etapas de vida? Qual é a diferença entre os ciclos de vida desses dois animais? Explique.

_____
_____
_____
_____

11 Desenhe as etapas 2 e 3 e complete o ciclo de vida de uma planta.

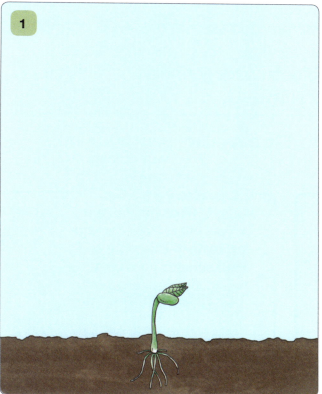

12 Leia o texto a seguir.

> Bia planejava plantar uma árvore em seu quintal. Ela resolveu conversar com os colegas de sala para conseguir algumas dicas. Em casa, separou uma parte da planta e a colocou para germinar.
> Após um tempo, uma pequena raiz surgiu.

- Leia as dicas dos colegas de sala de Bia e assinale com um **X** qual delas é a mais correta.

13 Veja o passo a passo da receita de salada de frutas.

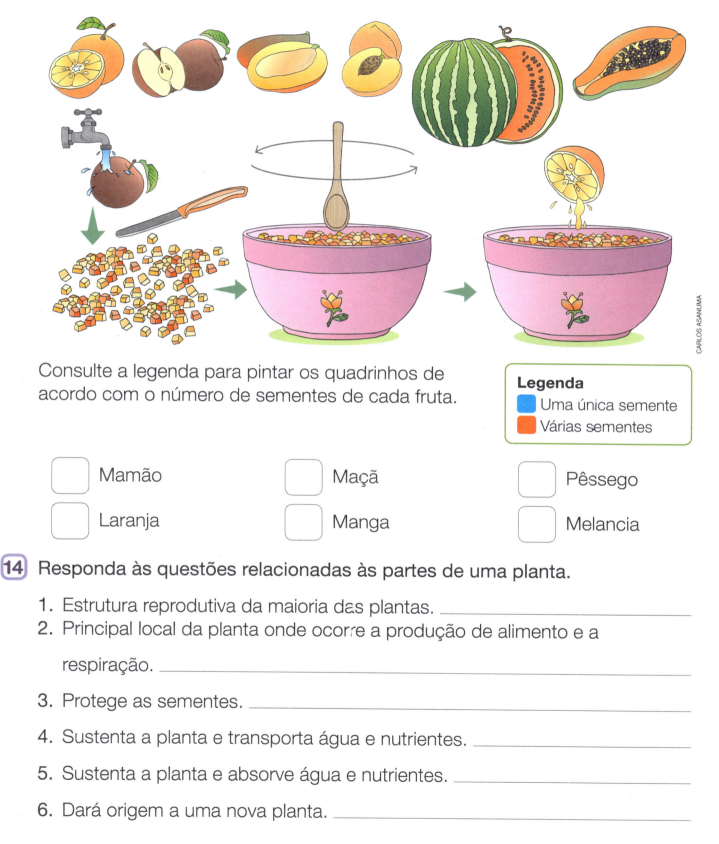

Consulte a legenda para pintar os quadrinhos de acordo com o número de sementes de cada fruta.

Legenda
- Uma única semente
- Várias sementes

☐ Mamão   ☐ Maçã   ☐ Pêssego

☐ Laranja   ☐ Manga   ☐ Melancia

14 Responda às questões relacionadas às partes de uma planta.

1. Estrutura reprodutiva da maioria das plantas. _____
2. Principal local da planta onde ocorre a produção de alimento e a respiração. _____
3. Protege as sementes. _____
4. Sustenta a planta e transporta água e nutrientes. _____
5. Sustenta a planta e absorve água e nutrientes. _____
6. Dará origem a uma nova planta. _____

15 Observe os frutos a seguir.

maçã — jabuticaba — mamão — abacate — limão

- Desenhe em cada árvore os frutos correspondentes.

Macieira.   Jabuticabeira.

Abacateiro.   Limoeiro.   Mamoeiro.

16 Observe a imagem a seguir.

Figura 1

a) Escreva em que fase da vida cada pessoa está.

1. _____
2. _____
3. _____
4. _____
5. _____

b) Agora, observe a Figura 2 e compare-a com a Figura 1. Assinale com um **X** as cinco diferenças entre as imagens.

Figura 2

17 Leia as adivinhas sobre as partes do corpo humano.

O que é, o que é?

Já vou logo comentar,
Sirvo para tocar
e também cumprimentar.
Posso também segurar
a tábua de passar.
Quem sabe um balão de ar?
Ou aquele objeto de apontar
e tudo o que você precisar.

- Que parte do corpo é essa?
_____

O que é, o que é?

Uma coisa eu te digo,
Sou muito o seu amigo.
Com você eu ando, corro, pulo
e até fico de castigo.
Sustento o seu corpo,
estou sempre contigo.

- Que parte do corpo é essa?
_____

O que é, o que é?

Carrego olhos, boca e nariz.
A minha face nem sempre está feliz.
Com a parte de dentro,
resolvo muitos abacaxis.

- Que parte do corpo é essa?
_____

- Qual parte do corpo humano descrita nas adivinhas é membro superior e qual é membro inferior?

_____
_____

19 Leia o texto, siga as pistas e complete o quadro com as informações.

Os alunos do 2º ano foram à biblioteca da escola. Cada aluno retirou um livro para complementar os estudos sobre os seres vivos.
Siga as pistas, observe a imagem e descubra quais foram os livros escolhidos e os nomes dos alunos que os escolheram.

Dicas

1. O livro escolhido por essa menina mostra na capa o desenho de um ser vivo filhote.
2. Esse menino escolheu o livro que mostra na capa o desenho de um fruto com várias sementes.
3. Essa menina escolheu o livro que mostra na capa o desenho de uma pessoa que já passou da fase jovem.

	Nome do aluno	Livro escolhido
1		
2		
3		

UNIDADE 2 — Componentes naturais do ambiente

Lembretes

O que há no ambiente?
- No ambiente, é possível encontrar seres vivos e componentes não vivos.
- Os componentes não vivos podem ser classificados em componentes construídos e componentes naturais.
- Os seres vivos e os componentes não vivos relacionam-se uns com os outros.

Componentes naturais
- Alguns componentes naturais do ambiente: ar, luz solar, solo e água.
- A luz e o calor do Sol são fundamentais para a manutenção da vida no planeta Terra.
- Para que a sombra se forme, são necessários uma fonte de luz e um corpo que impeça que a luz o atravesse.
- O Sol "nasce" em um lado do horizonte, parece percorrer o céu e se "põe" no lado oposto.
- A presença ou a falta de água modificam muito o ambiente e os seres vivos que nele vivem.
- O ar é formado por uma mistura de gases. Não podemos ver o ar, mas ele está por toda parte e tem peso.
- O solo é uma mistura de pedaços de rochas de formas e tamanhos variados, restos de seres vivos, como folhas caídas e detritos de animais, além de ar e água.

Os elementos da imagem estão representados fora de proporção. Cores-fantasia.

Cada ambiente é de um jeito
- Na Terra, existe uma grande diversidade de ambientes.
- Algumas características que diferenciam os ambientes: temperatura, quantidade de chuva, presença de luz solar e os seres vivos existentes.

Atividades

1. Observe esta reprodução da obra de arte *O pescador*, da artista plástica brasileira Tarsila do Amaral.

O pescador. Tarsila do Amaral. Óleo sobre tela.

a) Indique, de acordo com a imagem, os seres vivos (1); os componentes naturais (2) e os componentes construídos (3).

b) Reproduza a obra de arte no caderno e desenhe outro ser vivo.

c) Cite outro componente natural mostrado na obra de arte.

2 Leia o texto a seguir.

Após a aula, Clara vai encontrar seu irmão no museu da cidade. Para ajudá-la a chegar ao museu, o irmão de Clara deixou um bilhete. Leia e, depois, trace o caminho de Clara até o museu.

Clara, quando sair da escola:
1. Vá pela rua que tem mais componentes construídos pelos seres humanos.
2. Ao final dessa rua, entre na avenida que tem uma área formada por um componente natural.
3. Siga em frente. O museu está ao lado de um ser vivo no qual existe um componente construído por uma ave.

3 Escreva ao lado dos números o nome dos componentes naturais presentes no ambiente.

1. _____

3. _____

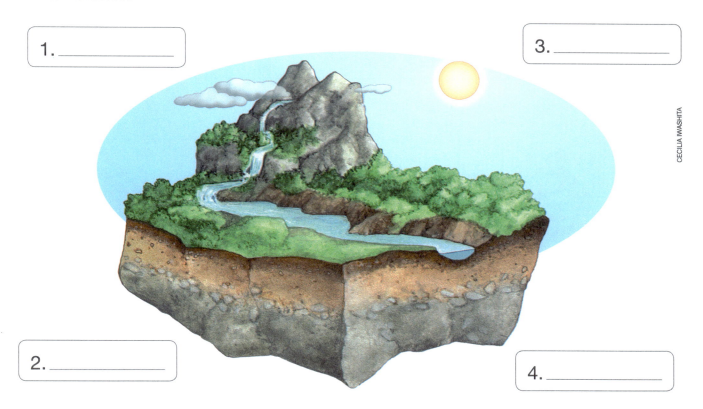

2. _____

4. _____

- Agora, faça as atividades.

   a) Descubra a qual componente natural do ambiente cada frase se refere e complete o quadrinho com o número indicado na figura.

   ☐ Esse componente natural do ambiente é necessário para a respiração da maioria dos seres vivos.

   ☐ Esse componente natural do ambiente ilumina e aquece o nosso planeta. As plantas precisam desse componente para produzir seu alimento.

   ☐ Esse componente natural do ambiente é a superfície sólida do planeta. As plantas se fixam nele. Animais como o tatu e as formigas constroem seus abrigos nele.

   ☐ Os seres vivos precisam desse componente natural do ambiente para sobreviver. Esse componente também é o ambiente no qual habitam muitos seres vivos.

4 Leia o texto a seguir. Depois faça as atividades.

> Enzo saiu de casa de manhã para andar de bicicleta. Já é início da tarde e ele procura um lugar mais fresco para descansar e proteger-se da luz do Sol.

a) Trace no labirinto o caminho que leva Enzo até o local mais fresco.

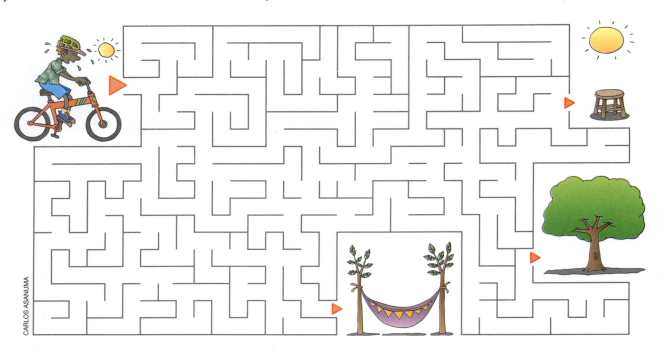

b) Explique por que esse é o melhor local para Enzo proteger-se da luz do Sol.

_____

_____

c) Você daria outra(s) dica(s) para Enzo em relação à exposição ao Sol? Qual(is)?

_____

_____

_____

_____

5 Os alunos do 2º ano fizeram uma atividade de campo no parque da cidade. Eles tiraram algumas fotos da turma reunida. Observe.

- Agora, repare na posição do Sol nas imagens. Você acha que as fotografias foram tiradas no mesmo horário? Explique.

_____

_____

_____

_____

_____

6 Complete as frases corretamente.

São exemplos de componentes construídos.	a água, o solo, o ar e a luz solar.
São exemplos de seres vivos.	as teias de aranha e os ninhos das aves.
São exemplos de componentes naturais.	os peixes, as formigas e as árvores.

- Cite mais exemplos de componentes construídos.

_____
_____
_____
_____

- Cite mais exemplos de seres vivos.

_____
_____
_____
_____

7 Observe as imagens. Depois faça as atividades.

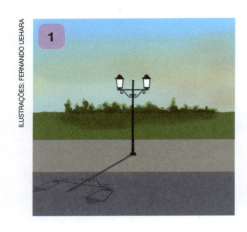
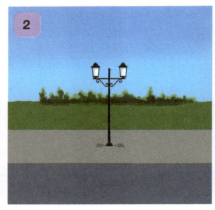
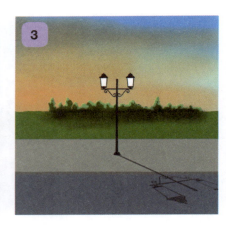

a) De acordo com as sombras representadas nas imagens, desenhe a posição do Sol no céu em cada uma delas.

b) Ligue as colunas correspondentes:

"Nascer do Sol"   Fim do dia e início da noite.

"Pôr do Sol"   Início do dia.

8 Relacione as cartas. Use os números para marcar a que componente natural cada uma das cartas se refere.

> **Dicas**
> As cartas podem se referir a mais de um componente natural.

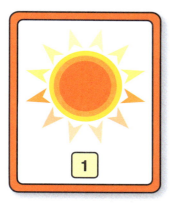   

Sua presença ou falta modifica muito o ambiente e os seres vivos que vivem nele.

Onde se cultiva a maioria dos vegetais.

Essencial para o desenvolvimento das plantas.

Forma as nuvens que estão no ar.

Não podemos ver, mas ele está em toda parte.

Quando se move de um lugar para outro é chamado de vento.

É uma mistura de pedaços de rochas, restos de seres vivos, ar e água.

Pode estar misturada ao solo ou em forma de gelo.

É formado principalmente pelos gases nitrogênio e oxigênio.

9 Decifre a mensagem enigmática a seguir.

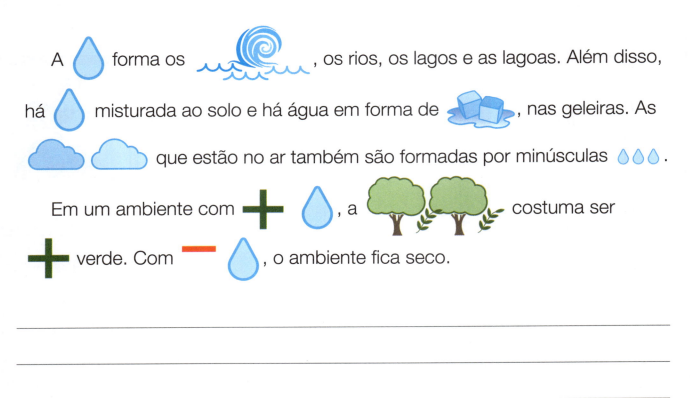

_____
_____
_____
_____
_____

10 Ligue cada pessoa ao objeto a que ela se refere.

 No esporte que pratico, o vento move o barco.

 Para o meu brinquedo funcionar ele precisa de ar.

 Utilizo um meio de transporte que tem partes que precisam ser preenchidas de ar.

11 Desenhe na imagem abaixo alguns usos que os seres vivos podem fazer do solo.

12 Marque com X os elementos que devem estar presentes no solo em quantidades adequadas para que ele seja fértil.

☐ Pedra.

☐ Nutrientes.

☐ Água.

☐ Gás oxigênio.

13 Leia no quadro algumas informações sobre a Floresta Amazônica.

Floresta Amazônica				
Temperatura.	X	Alta.	☐	Baixa.
Quantidade de chuvas.	X	Muitas chuvas.	☐	Poucas chuvas.
Variedade de seres vivos	X	Muitos seres vivos.	☐	Poucos seres vivos.

• De acordo com as características mostradas no quadro, complete o ambiente desenhando mais elementos e seres vivos.

Escolha pelo menos três dos seres vivos do quadro abaixo.

arara-vermelha   jacaré-açu   macaco-de-cheiro   onça-pintada   sucuri   árvore sumaúma   vitória-régia

14. Escreva a letra inicial de cada imagem e descubra o nome de um ambiente terrestre.

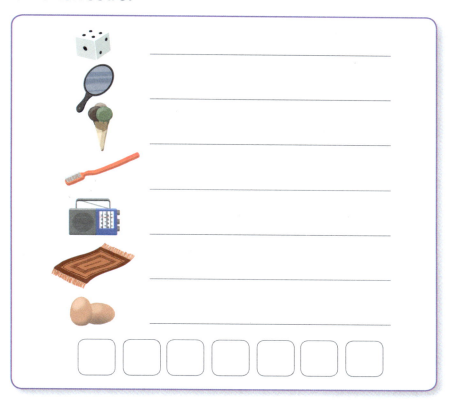

- Como você descreveria esse ambiente durante o dia?
  _____
  _____

15. Observe a imagem ao lado.

   a) Qual é o ambiente em que vivem os peixes?
      _____

   b) A quantidade de luz nesse ambiente é sempre a mesma?
      _____
      _____

16 Preencha a cruzadinha com o nome dos ambientes.

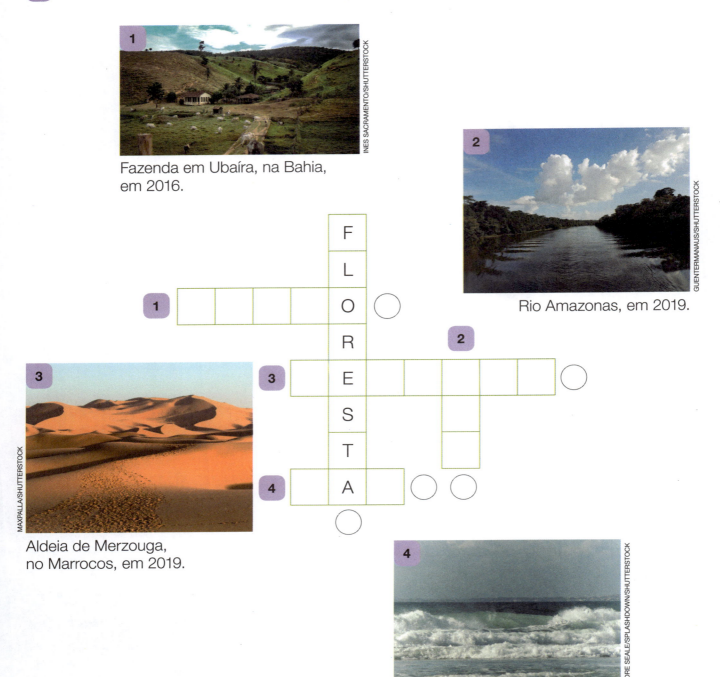

Fazenda em Ubaíra, na Bahia, em 2016.

Rio Amazonas, em 2019.

Aldeia de Merzouga, no Marrocos, em 2019.

Fortaleza, no Ceará, em 2018.

- Agora, pinte o círculo de azul 🟦 quando a palavra representar ambiente aquático e de verde 🟩 quando representar ambiente terrestre.

Unidade 3 — Relações entre os seres vivos e o ambiente

Lembretes

Relações entre os componentes do ambiente

- Os componentes do ambiente e os seres vivos relacionam-se entre si. São exemplos dessas relações: seres vivos com componentes naturais; e seres vivos com componentes construídos.

- Componentes naturais como a água, o ar, o solo e a luz solar são essenciais para os seres vivos.

Os seres vivos se relacionam entre si

- Algumas relações entre os seres vivos podem trazer benefícios, como abrigo, alimento e proteção. Outras podem ser prejudiciais a um dos indivíduos ou, ainda, não trazer benefício nem prejuízo.

O ser humano percebe e modifica o ambiente

- O corpo humano tem cinco sentidos: visão, audição, tato, olfação e gustação.

- Os órgãos dos sentidos são: olhos, orelhas, pele, nariz e língua.

- Por meio dos sentidos, podemos perceber e descobrir o ambiente que nos cerca. Em muitas situações, usamos vários sentidos ao mesmo tempo.

- Os seres humanos podem modificar o ambiente de diversas maneiras. Muitas modificações do ambiente são prejudiciais aos seres vivos.

- Algumas atitudes individuais podem ser tomadas para o cuidado com o ambiente, por exemplo, economizar água, reduzir o consumo de produtos e separar o lixo reciclável.

Atividades

1. Observe a cena.

- Complete o texto a seguir com os nomes dos seres vivos da cena.

Para a respiração ocorrer, as plantas e os animais precisam de gás oxigênio.

Os _____, os _____ e as

plantas _____ respiram o gás oxigênio que

está misturado na água. O _____, o _____,

a _____ e as plantas _____ respiram

o oxigênio presente no ar.

2. Observe a imagem ao lado.

a) Qual é o nome do processo mostrado na imagem?

_____

b) O que ocorre nesse processo?

_____
_____
_____
_____

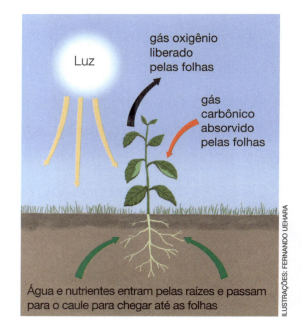

34

c) Encontre e circule no diagrama **cinco** palavras relacionadas a esse processo.

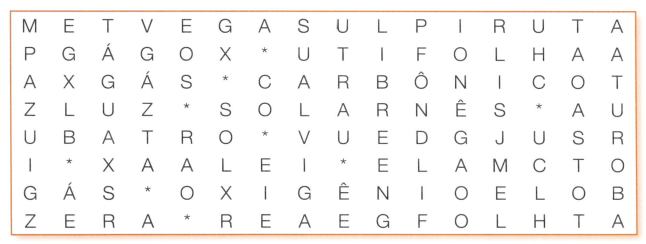

3 Observe a imagem e faça as atividades.

a) Todos esses seres vivos se relacionam com o ar? Explique.

_____

_____

_____

_____

_____

_____

b) Para que o lagarto usa a luz solar? E a árvore?

_____

_____

c) Quando as minhocas usam o solo como abrigo, qual benefício trazem para as plantas?

_____

_____

4 Observe as imagens.

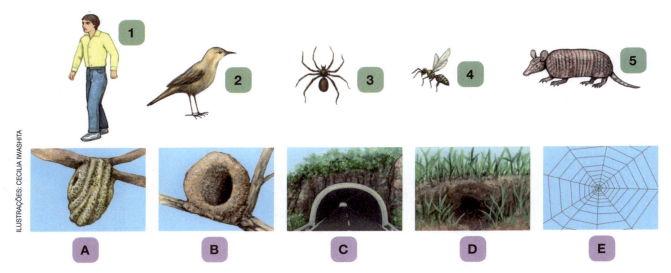

Os elementos das imagens estão fora de proporção.

a) Qual é o componente construído por cada ser vivo? Complete o quadro com essas informações.

1	
2	
3	
4	
5	

b) Assinale com um **X** a alternativa correta:

Em relação aos seres vivos e aos componentes construídos, podemos concluir que:

☐ por meio de suas ações, os seres vivos modificam o ambiente onde vivem.

☐ por meio de suas ações, os seres vivos não modificam o ambiente onde vivem.

☐ por meio de suas ações, os seres vivos somente constroem ninhos e cavam buracos.

5 Observe as imagens e leia as informações a seguir.

Lobo-guará. Onívoro. Alimenta-se de pequenos animais e frutos.

Coruja. Carnívora. Alimenta-se de pequenos animais.

Veado-catingueiro. Herbívoro. Alimenta-se de plantas.

- Com base nas informações, escreva o nome do animal abaixo de seu alimento.

_____   _____   _____

6 De acordo com a alimentação, como a borboleta pode ser classificada?

_____

_____

7 Observe atentamente as imagens. Depois faça as atividades.

a) Escolha três seres vivos da imagem e escreva seus nomes .

_____

_____

_____

b) Quais são os componentes naturais da imagem?

_____

_____

_____

c) Escreva uma frase relacionando um dos seres vivos escolhidos por você com um dos componentes naturais da imagem.

_____

_____

d) Cite um ser vivo que utiliza o outro ser vivo como abrigo. Escreva.

_____

_____

e) Identifique na imagem dois seres vivos de ambiente terrestre que mantêm uma relação alimentar. Escreva.

_____

_____

f) Identifique na imagem dois seres vivos de ambiente aquático que mantêm uma relação alimentar. Escreva.

_____

_____

_____

8 Leia o texto e, em seguida, faça as atividades.

Um dia no circo

Imagine que você está em um circo. Lá existem palhaços, mágicos, malabaristas, músicos e muitos outros artistas.

Assim que você chega, fica maravilhado quando vê o colorido da roupa dos palhaços.

Huuuummm! Você está sentindo um cheiro bom! Esse cheiro vem de um carrinho de pipocas que estava na entrada do circo.

Então, você ganha um saco de pipoca doce para comer durante o espetáculo. E diz para o seu amigo que está ao lado: "Que gosto bom tem essa pipoca!".

Durante a apresentação dos malabaristas, você escuta a sua música favorita. Você fica muito feliz!

Na apresentação do mágico, depois de tirar o coelho de pelúcia da cartola, ele pede para você passar a mão no coelho. Nesse momento, você sente a maciez do bicho de pelúcia.

Por fim, a plateia inteira aplaude. O espetáculo acabou!

Você adorou o passeio. Estava tudo muito bom: os palhaços, o mágico e a pipoca! Com certeza, você voltará outras vezes.

CARLOS ASANUMA

a) Sublinhe no texto as situações em que se percebe o ambiente.

b) Agora, copie os trechos sublinhados do texto e identifique os sentidos do corpo humano utilizados em cada situação.

_____
_____
_____
_____

9 Preencha a cruzadinha com os órgãos responsáveis pelos sentidos.

1. São os órgãos da visão. Eles são sensíveis à luz.
2. São os órgãos da audição.
3. É o principal órgão da gustação. Esse órgão capta as substâncias dos alimentos que são percebidas como gostos.
4. É o órgão do tato.
5. É o órgão do olfato. Nesse órgão entra o ar que respiramos com diversas substâncias que são percebidas como cheiros.

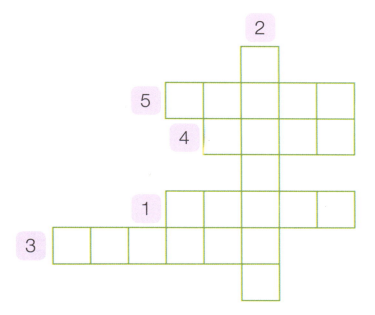

10 Observe os órgãos dos sentidos representados:

- Para que possamos sentir o sabor dos alimentos, qual(is) órgão(s) utilizamos? Escreva a resposta.

_____

11 Leia o texto.

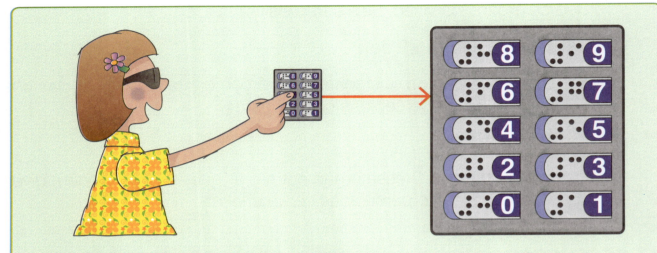

Roberta tem deficiência visual e utiliza o tato para ler em Braille, um sistema de leitura e escrita utilizado por muitas pessoas com deficiência visual.

Para fazer a leitura no sistema Braille, é necessário passar as pontas dos dedos sobre pontos em relevo.

- Veja a seguir os números de 0 a 9 no sistema Braille.

- Roberta vai para o 8º andar. Pinte os círculos na imagem ao lado para representar esse número no sistema Braille.

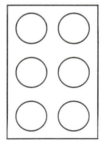 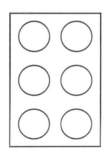

12 As imagens mostram as modificações realizadas em um ambiente para a construção das cidades. Numere-as na ordem correta.

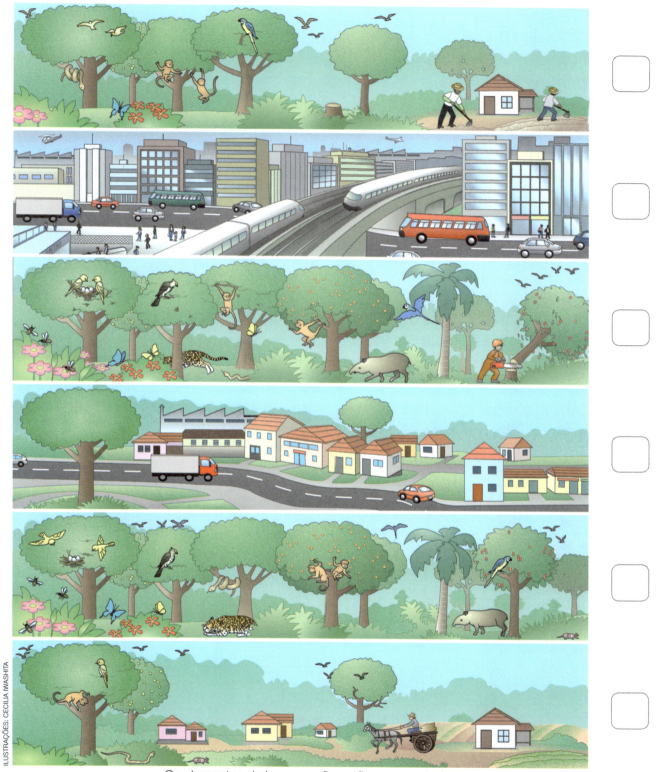

Os elementos da imagem não estão representados na mesma proporção.

13 Leia o texto, observe a imagem e responda às questões.

Todos os anos, no início das aulas, Bruno quer tudo novo: mochila, estojo, caderno, lápis, borracha...TUDO! Como consequência, muitos dos materiais escolares antigos, que ainda estão em boas condições, acabam indo para o lixo.

Assim que vê a propaganda de um brinquedo novo na internet, vai correndo pedir para que seus pais o comprem. Só que, ao ganhá-lo, logo se cansa e o deixa de lado.

a) Na imagem há três materiais escolares que podem ser reaproveitados e começam com a letra C. Quais são eles?

_____

b) Na imagem há elementos que podem ser descartados como produto reciclável. Quais são esses objetos?

_____

c) Em relação às atitudes para cuidar do ambiente, que conselho você daria a Bruno?

_____
_____
_____
_____

UNIDADE 4 — Os materiais

Lembretes

Diferentes materiais

- Os objetos são feitos de diferentes materiais, como madeira, plástico, papel, vidro etc.
- Cada material tem características próprias, como transparência, flexibilidade e resistência à quebra ou à deformação.
- Na natureza, os materiais podem ser encontrados principalmente em três estados físicos: sólido, líquido e gasoso.

Os materiais naturais

- Os materiais naturais podem ser de origem vegetal, animal ou mineral.
- São exemplos de materiais de origem vegetal tecidos, madeira, papel etc.
- São exemplos de materiais de origem animal o couro e a lã.
- São exemplos de materiais de origem mineral a argila e as rochas.

Os materiais artificiais

- Os materiais artificiais são produzidos por meio da transformação dos materiais naturais. O plástico é produzido a partir do petróleo. O vidro é produzido a partir da areia e outros minerais.

A tecnologia de materiais

- A tecnologia é o conjunto de conhecimentos aplicados para criar algo novo, fazer algo de maneira diferente ou aperfeiçoar ferramentas e processos.

Cuidado com os materiais

- Alguns objetos e materiais podem oferecer riscos para as pessoas.
- É importante estar atento e ter os devidos cuidados para prevenir acidentes domésticos, como choques elétricos, queimaduras, cortes, intoxicação etc.

O capim dourado é utilizado para fazer objetos de decoração e bolsas, por exemplo.

Atividades

1) Observe as imagens a seguir.

a) Qual objeto aparece na primeira estante e não aparece na segunda?

_____

b) Preencha o quadro, classificando os objetos da estante em materiais encontrados na natureza e materiais produzidos pelos seres humanos.

Materiais encontrados na natureza	Materiais produzidos pelos seres humanos

2 Ligue cada objeto à sua característica.

Brilhante

Transparente

Maleável

Resistente

Dobrável

Garrafa de plástico.

Copo de vidro.

Maçaneta de metal.

Folha de papel.

Móvel de madeira.

3 Leia o texto e as pistas e descubra o objeto.

> Paulo embrulhou em uma caixa um presente para a sua irmã. Siga as pistas e descubra qual objeto a irmã de Paulo ganhará de presente.

Pistas

1. É feito de um material natural, muito usado pelos seres humanos.
2. A resistência é uma característica do material de que é feito o objeto.
3. O material de que é feito o objeto é retirado das árvores.
4. O objeto é um instrumento musical muito popular.

- Qual é o objeto?

_____

4 Leia os objetos citados em cada quadro.

| 1 | livro, celular, guarda-chuva, sapato e espelho |

| 2 | caderno, TV, pente, água e refrigerante |

| 3 | suco, caneta, balão de ar, leite e xampu |

a) Qual é o quadro que contém apenas materiais no estado sólido?

_____

b) Observando todos os quadros, cite três materiais no estado líquido.

_____

c) Em que objetos você pode encontrar materiais no estado gasoso?

_____

d) Desenhe materiais no estado sólido.

5 Cite uma característica comum aos materiais que compõem:

• o celular e o cabo do guarda-chuva. _____

• o sapato e a bexiga. _____

6 Nas frases abaixo, pinte de verde os materiais de origem vegetal, de vermelho os de origem animal e de azul os de origem mineral.

a) O sapato de couro era grande para os meus pés.

b) Para se aquecer, Roberta colocou uma blusa de lã .

c) Os brinquedos de madeira fazem a alegria da criançada.

d) O vaso de argila combinou com a decoração da sala.

e) A casa de Paulo tem o telhado de palha .

f) O muro da casa de Fábio é feito de pedras .

7 Desenhe no espaço abaixo um objeto feito de material(is) natural(is).

• Qual é a origem desse(s) material(is)?

Reprodução proibida. Art. 184 do Código Penal e Lei 9.610 de 19 de fevereiro de 1998.

8 Observe as imagens a seguir.

- Dos produtos mostrados nas imagens, apenas três **não** são feitos a partir de plantas. Quais são eles? Encontre-os e circule-os.

9 Encontre e circule no diagrama **quatro** materiais naturais que podem ser utilizados na construção de moradias.

```
C A B A R R O M I C
P I S O B A M B U I
A M A D E I R A C M
L J L M X V O M A E
H T L A H E C P I N
A P A R T E S O D T
P A L F R O A B O O
```

10 Assinale a opção correta para completar cada frase.

Os materiais artificiais
- ☐ são produzidos por meio da transformação dos materiais naturais.
- ☐ são encontrados prontos na natureza.

São exemplos de materiais naturais que podem ser transformados
- ☐ em materiais artificiais: a madeira, a borracha e a areia.
- ☐ em materiais artificiais: a madeira, o látex e a areia.

O petróleo é um material
- ☐ natural, encontrado abaixo do solo, em locais profundos.
- ☐ artificial, produzido em fábricas.

11 Pinte os ☐ de acordo com a legenda, observando de que materiais naturais são feitos os objetos.

Legenda: Madeira — Areia — Petróleo — Látex

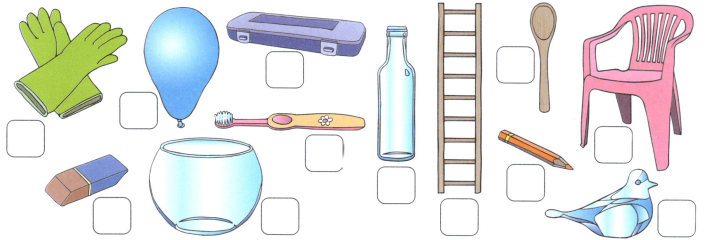

Leia o texto e observe a imagem.

> Na saída da escola, uma forte chuva pegou muitos alunos de surpresa. Davi tinha um guarda-chuva e o dividiu com Mariana. Outros alunos tentaram se proteger de diferentes maneiras.

a) Além de Davi e Mariana, qual dos alunos não se molhou? Explique.

_____
_____
_____
_____

b) Os objetos utilizados pelos colegas de Davi para se proteger da chuva são feitos de que materiais naturais?

_____
_____
_____

13 Leia o texto e observe a imagem a seguir.

Heitor, Lorenzo e Ana foram ao cinema. Chegando lá, os três amigos perceberam que ficariam em assentos separados.

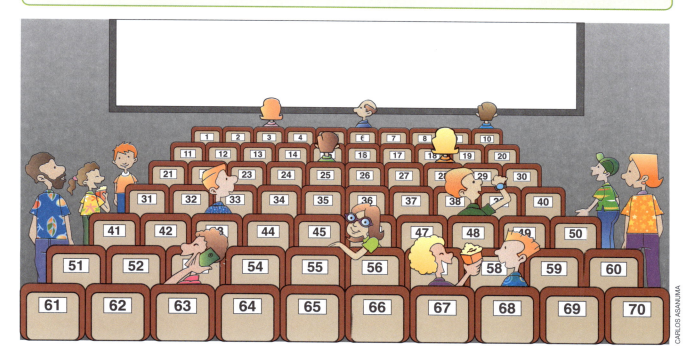

- Siga as pistas e ajude as crianças a descobrir qual é o assento de cada uma delas. Não se esqueça de completar o quadro com as informações.

Pistas

1. Ao lado direito do assento de Heitor há uma pessoa utilizando uma invenção que permite a comunicação entre pessoas que estão distantes.
2. Na frente do assento de Lorenzo há uma pessoa utilizando uma invenção que auxilia as pessoas a enxergar melhor.
3. Atrás do assento de Ana há uma pessoa utilizando uma invenção que indica as horas.

Nome da criança	Número do assento	Invenção citada na pista
Heitor		
Lorenzo		
Ana		

53

14 Observe as imagens e informações e faça o que se pede a seguir.

a) Complete o diagrama abaixo indicando no espaço em branco a letra correspondente a cada objeto.

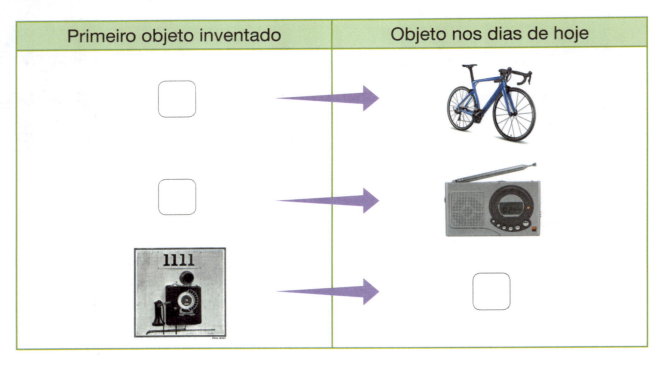

Primeiro objeto inventado	Objeto nos dias de hoje

b) De que materiais a bicicleta era feita no passado? E atualmente?

_____

_____

c) Atualmente, o rádio e o telefone tradicionais têm sido substituídos por outra invenção. Que invenção é essa?

_____

15 Escreva no balão de fala o que o adulto está dizendo para que a criança não sofra um acidente doméstico.

16 Leia as frases e assinale com um **X** somente aquelas que descrevem atitudes necessárias para prevenir acidentes domésticos.

☐ A. Crianças devem evitar utilizar objetos de vidro e facas, ou fazer o uso deles somente com a supervisão de um adulto.

☐ B. Crianças não devem manusear produtos e objetos inflamáveis sem a supervisão de um adulto. Adultos não devem acender fósforos ou isqueiros próximo de crianças.

☐ C. Adultos devem manter medicamentos e produtos de limpeza fora do alcance das crianças.

- Agora, usando as letras de cada frase, associe-as ao tipo de acidente que ela pode causar.

☐ Queimadura ☐ Intoxicação ☐ Cortes e ferimentos

17 Leia o texto e observe a imagem a seguir.

> Carla quer comprar um brinquedo para o seu filho de apenas 2 anos, mas está com dúvidas sobre qual brinquedo levar.

a) Qual dos brinquedos é seguro para a criança? Circule esse brinquedo na imagem.

b) Como você chegou a essa conclusão? Explique.

_____
_____
_____
_____
_____